Gewidmet all jenen,
die auch glücklich sein möchten

Textgetreu nach den Brüdern Grimm

© 1986 Nord-Süd Verlag, Mönchaltorf/Schweiz und Hamburg/Deutschland.
Alle Rechte, auch die der Bearbeitung oder auszugsweisen Vervielfältigung
gleich durch welche Medien, vorbehalten. Lithographie: FBS – Findl, Baumann
und Semmler & Co. KG, Martinsried, Deutschland. Satz: Hissek Satz & EDV,
Konstanz, Deutschland. Gesetzt in der Excelsior, 16 Punkt. Druck: Druckerei
Uhl, Radolfzell, Deutschland. Bindung: Eibert AG, Eschenbach, Schweiz.
ISBN 3 85825 275 1

Hans im Glück

Ein Märchen der Brüder Grimm
mit Bildern von
EUGEN SOPKO

Ein Nord-Süd Märchenbuch

Hans hatte sieben Jahre bei seinem Herrn gedient, da sprach er zu ihm: „Herr, meine Zeit ist herum, nun wollte ich gerne wieder heim zu meiner Mutter, gebt mir meinen Lohn." Der Herr antwortete: „Du hast mir treu und ehrlich gedient, wie der Dienst war, so soll der Lohn sein", und gab ihm ein Stück Gold, das so groß als Hansens Kopf war. Hans zog sein Tüchlein aus der Tasche, wickelte den Klumpen hinein, setzte ihn auf die Schulter und machte sich auf den Weg nach Haus.

Wie er so dahin ging und immer ein Bein vor das andere setzte, kam ihm ein Reiter in die Augen, der frisch und fröhlich auf einem munteren Pferd vorbeitrabte. „Ach", sprach Hans ganz laut, „was ist das Reiten ein schönes Ding! Da sitzt einer wie auf einem Stuhl, stößt sich an keinen Stein, spart die Schuh und kommt fort, er weiß nicht wie."

Der Reiter, der das gehört hatte, hielt an und rief: „Ei, Hans, warum laufst du auch zu Fuß?"

„Ich muß ja wohl", antwortete er, „da habe ich einen Klumpen heimzutragen: es ist zwar Gold, aber ich kann den Kopf dabei nicht geradhalten, auch drückt mir's auf die Schulter."

„Weißt du was", sagte der Reiter, „wir wollen tauschen: ich gebe dir mein Pferd, und du gibst mir deinen Klumpen."

„Von Herzen gern", sprach Hans, „aber ich sage Euch, Ihr müßt Euch damit schleppen." Der Reiter stieg ab, nahm das Gold und half dem Hans hinauf, gab ihm die Zügel fest in die Hände und sprach: „Wenn's nun recht geschwind soll gehen, so mußt du mit der Zunge schnalzen und 'hopp, hopp' rufen."

Hans war seelenfroh, als er auf dem Pferde saß und so frank und frei dahinritt. Über ein Weilchen fiel's ihm ein, es sollte noch schneller gehen, und er fing an, mit der Zunge zu schnalzen und 'hopp, hopp' zu rufen. Das Pferd setzte sich in starken Trab, und ehe sich's Hans versah, war er abgeworfen und lag in einem Graben, der die Äcker von der Landstraße trennte. Das Pferd wäre auch durchgegangen, wenn es nicht ein Bauer aufgehalten hätte, der des Weges kam und eine Kuh vor sich hertrieb.

Hans suchte seine Glieder zusammen und machte sich wieder auf die Beine. Er war aber verdrießlich und sprach zu dem Bauer: „Es ist ein schlechter Spaß, das Reiten, zumal wenn man auf so eine Mähre gerät wie diese, die stößt und einen herabwirft, daß man den Hals brechen kann; ich setze mich nun und nimmermehr wieder auf. Da lob ich mir Eure Kuh, da kann einer mit Gemächlichkeit hinterhergehen und hat obendrein seine Milch, Butter und Käse jeden Tag gewiß. Was gäb ich darum, wenn ich so eine Kuh hätte!"

„Nun", sprach der Bauer, „geschieht Euch so ein großer Gefallen, so will ich Euch wohl die Kuh für das Pferd vertauschen." Hans willigte mit tausend Freuden ein; der Bauer schwang sich aufs Pferd und ritt eilig davon.

Hans trieb seine Kuh ruhig vor sich her und bedachte den glücklichen Handel. "Hab ich nur ein Stück Brot, und daran wird mir's doch nicht fehlen, so kann ich, so oft mir's beliebt, Butter und Käse dazu essen; hab ich Durst, so melk ich meine Kuh und trinke Milch. Herz, was verlangst du mehr?" Als er zu einem Wirtshaus kam, machte er halt, aß in der großen Freude alles, was er bei sich hatte, sein Mittags- und Abendbrot, rein auf und ließ sich für seine letzten paar Heller ein halbes Glas Bier einschenken.

Dann trieb er seine Kuh weiter, immer nach dem Dorfe seiner
Mutter zu. Die Hitze ward drückender, je näher der Mittag kam,
und Hans befand sich in einer Heide, die wohl noch eine Stunde
dauerte. Da ward es ihm ganz heiß, so daß ihm vor Durst die
Zunge am Gaumen klebte. „Dem Ding ist zu helfen", dachte
Hans, „jetzt will ich meine Kuh melken und mich an der Milch
laben."

Er band sie an einen dürren Baum, und da er keinen Eimer hatte, so stellte er seine Ledermütze unter, aber wie er sich auch bemühte, es kam kein Tropfen Milch zum Vorschein. Und weil er sich ungeschickt dabei anstellte, so gab ihm das ungeduldige Tier endlich mit einem der Hinterfüße einen solchen Schlag vor den Kopf, daß er zu Boden taumelte und eine Zeitlang sich gar nicht besinnen konnte, wo er war.

Glücklicherweise kam gerade ein Metzger des Weges, der auf einem Schubkarren ein junges Schwein liegen hatte. „Was sind das für Streiche!" rief er und half dem guten Hans auf.

Hans erzählte, was vorgefallen war. Der Metzger reichte ihm seine Flasche und sprach: „Da trinkt einmal und erholt Euch. Die Kuh will wohl keine Milch geben, das ist ein altes Tier, das höchstens noch zum Ziehen taugt oder zum Schlachten."

„Ei, ei", sprach Hans und strich sich die Haare über den Kopf, „wer hätte das gedacht! Es ist freilich gut, wenn man so ein Tier ins Haus abschlachten kann, was gibt's für Fleisch! Aber ich mache mir aus dem Kuhfleisch nicht viel, es ist mir nicht saftig genug. Ja, wer so ein junges Schwein hätte! Das schmeckt anders, dabei noch die Würste."

„Hört, Hans", sprach da der Metzger, „Euch zuliebe will ich tauschen und will Euch das Schwein für die Kuh lassen."

„Gott lohn Euch Eure Freundschaft", sprach Hans, übergab ihm die Kuh, ließ sich das Schweinchen vom Karren losmachen und den Strick, woran es gebunden war, in die Hand geben. Hans zog weiter und überdachte, wie ihm doch alles nach Wunsch ginge, begegnete ihm je eine Verdrießlichkeit, so würde sie doch gleich wiedergutgemacht.

Es gesellte sich danach ein Bursch zu ihm, der trug eine schöne weiße Gans unter dem Arm. Sie boten einander die Zeit, und Hans fing an, von seinem Glück zu erzählen und wie er immer so vorteilhaft getauscht hätte. Der Bursch erzählte ihm, daß er die Gans zu einem Kindtaufschmaus brächte. „Hebt einmal", fuhr er fort und packte sie bei den Flügeln, „wie schwer sie ist, die ist aber auch acht Wochen lang genudelt worden. Wer in den Braten beißt, muß sich das Fett von beiden Seiten abwischen." „Ja", sprach Hans und wog sie mit der einen Hand, „die hat ihr Gewicht, aber mein Schwein ist auch keine Sau."

Indessen sah sich der Bursche nach allen Seiten ganz bedenklich um, schüttelte auch wohl mit dem Kopf. „Hör", fing er darauf an, „mit Eurem Schweine mag's nicht ganz richtig sein. In dem Dorfe, durch das ich gekommen bin, ist eben dem Schulzen eins aus dem Stall gestohlen worden. Ich fürchte, ich fürchte, Ihr habt's da in der Hand. Sie haben Leute ausgeschickt, und es wäre ein schlimmer Handel, wenn sie Euch mit dem Schwein erwischten: das geringste ist, daß Ihr ins finstere Loch gesteckt werdet."

Dem guten Hans ward bang: „Ach Gott", sprach er, „helft mir aus der Not, Ihr wißt hier herum bessern Bescheid, nehmt mein Schwein da und laßt mir Eure Gans."

„Ich muß schon etwas aufs Spiel setzen", antwortete der
Bursche, „aber ich will doch nicht schuld sein, daß Ihr ins
Unglück geratet." Er nahm also das Seil in die Hand und trieb
das Schwein schnell auf einen Seitenweg fort; der gute Hans
aber ging, seiner Sorgen entledigt, mit der Gans unter dem
Arme der Heimat zu.

„Wenn ich's recht überlege", sprach er mit sich selbst, „habe ich
noch Vorteil bei dem Tausch: erstlich den guten Braten, hernach
die Menge von Fett, die herausträufeln wird, das gibt
Gänsefettbrot auf ein Vierteljahr; und endlich die schönen
weißen Federn, die laß ich mir in mein Kopfkissen stopfen, und
darauf will ich wohl ungewiegt einschlafen. Was wird meine
Mutter eine Freude haben!"

Als er durch das letzte Dorf gekommen war, stand da ein
Scherenschleifer mit seinem Karren, sein Rad schnurrte, und er
sang dazu:

> *„Ich schleife die Schere und drehe geschwind*
> *und hänge mein Mäntelchen nach dem Wind."*

Hans blieb stehen und sah ihm zu; endlich redete er ihn an und
sprach: „Euch geht's wohl, weil Ihr so lustig bei Eurem
Schleifen seid."

„Ja", antwortete der Scherenschleifer, „das Handwerk hat
einen güldenen Boden. Ein rechter Schleifer ist ein Mann, der,
sooft er in die Tasche greift, auch Geld darin findet. Aber wo
habt Ihr die schöne Gans gekauft?"

„Die hab ich nicht gekauft, sondern
für mein Schwein eingetauscht."
„Und das Schwein?"
„Das hab ich für eine Kuh gekriegt."
„Und die Kuh?"
„Die hab ich für ein Pferd bekommen."
„Und das Pferd?"
„Dafür hab ich einen Klumpen Gold,
so groß als mein Kopf, gegeben."
„Und das Gold?"
„Ei, das war mein Lohn für sieben
Jahre Dienst!"
„Ihr habt Euch jederzeit zu helfen
gewußt", sprach der Schleifer, „könnt
Ihr's nun dahin bringen, daß
Ihr das Geld in der Tasche springen
hört, wenn Ihr aufsteht,
so habt Ihr Euer Glück gemacht."

„Wie soll ich das anfangen?" sprach Hans.

„Ihr müßt ein Schleifer werden wie ich; dazu gehört eigentlich nichts als ein Wetzstein, das andere findet sich schon von selbst. Da hab ich einen, der ist zwar ein wenig schadhaft, dafür sollt Ihr mir aber auch weiter nichts als Eure Gans geben; wollt Ihr das?"

„Wie könnt Ihr noch fragen", antwortete Hans, „ich werde ja zum glücklichsten Menschen auf Erden; habe ich Geld, sooft ich in die Tasche greife, was brauche ich da länger zu sorgen?" Reichte ihm die Gans hin und nahm den Wetzstein in Empfang.

„Nun", sprach der Schleifer und hob einen gewöhnlichen schweren Feldstein, der neben ihm lag, auf, „da habt ihr noch einen tüchtigen Stein dazu, auf dem sich's gut schlagen läßt und Ihr Eure alten Nägel geradeklopfen könnt. Nehmt hin und hebt ihn ordentlich auf."

Hans lud den Stein auf und ging mit vergnügtem Herzen weiter; seine Augen leuchteten vor Freude: „Ich muß in einer Glückshaut geboren sein", rief er aus, „alles was ich wünsche, tritt mir ein wie einem Sonntagskind."

Indessen, weil er seit Tagesanbruch auf den Beinen gewesen war, begann er müde zu werden; auch plagte ihn der Hunger, da er allen Vorrat auf einmal in der Freude über die erhandelte Kuh aufgezehrt hatte. Er konnte endlich nur mit Mühe weitergehen und mußte jeden Augenblick haltmachen; dabei drückten ihn die Steine ganz erbärmlich.

Da konnte er sich des Gedankens nicht erwehren, wie gut es
wäre, wenn er sie gerade jetzt nicht zu tragen brauchte. Wie eine
Schnecke kam er zu einem Feldbrunnen geschlichen, wollte da
ruhen und sich mit einem frischen Trunk laben; damit er aber
die Steine im Niedersitzen nicht beschädigte, legte er sie
bedächtig neben sich auf den Rand des Brunnens.
Darauf setzte er sich nieder und wollte sich zum Trinken
bücken, da versah er's, stieß ein klein wenig an, und beide
Steine plumpsten hinab. Hans, als er sie mit seinen Augen
in die Tiefe hatte versinken sehen, sprang vor Freude auf,
kniete dann nieder und dankte Gott mit Tränen in den
Augen, daß er ihm auch diese Gnade noch erwiesen und
ihn auf eine so gute Art, und ohne daß er sich einen
Vorwurf zu machen brauchte, von den schweren Steinen
befreit hätte, die ihm allein noch hinderlich gewesen
wären.
„So glücklich wie ich", rief er aus, „gibt es keinen
Menschen unter der Sonne." Mit leichtem Herzen und frei
von aller Last sprang er nun fort, bis er daheim bei seiner
Mutter war.